LA FIANCÉE D'ABYDOS

OPÉRA EN QUATRE ACTES

ET CINQ TABLEAUX

PAROLES DE

JULES ADENIS

MUSIQUE DE

ADRIEN BARTHE

UN FRANC

PARIS

MICHEL LÉVY FRÈRES, LIBRAIRES ÉDITEURS
VIVIENNE, 2 BIS, ET BOULEVARD DES ITALIENS, 15
À LA LIBRAIRIE NOUVELLE

MDCCCLXVI

LA
FIANCÉE D'ABYDOS

OPÉRA EN QUATRE ACTES

ET CINQ TABLEAUX

PAROLES DE

JULES ADENIS

MUSIQUE DE

ADRIEN BARTHE

Représenté pour la première fois, à Paris, sur le Théâtre-Lyrique-Impérial, le 30 décembre 1865.

PARIS

MICHEL LÉVY FRÈRES, LIBRAIRES ÉDITEURS

RUE VIVIENNE, 2 BIS, ET BOULEVARD DES ITALIENS, 15

A LA LIBRAIRIE NOUVELLE

—

1866

Distribution de la pièce

GIAFFIR, pacha d'Abydos. . . . . MM. ISMAEL.

SÉLIM, son fils. . . . . MONTJAUZE.

ZULEIKA, sa fille. . . . . Mᵐᵉ CARVALHO.

HAROUN, chef des gardes du divan. . . . . . M. LUTZ.

MEDJÉ, esclave muette, appartenant à Haroun. Mˡˡᵉ GILBERT.

GARDES DE GIAFFIR, MAMELUCKS, DELHIS, MAUGRABINS, ODALISQUES, ESCLAVES GÉORGIENNES ET CIRCASIENNES, ENVOYÉS DU BEY DE CARASMAN.

A Abydos, en Asie-Mineure.

La partition a été publiée par M. Choudens, rue Saint-Honoré, 265.

LA
FIANCÉE D'ABYDOS

ACTE PREMIER

Le divan du pacha. Au fond, terrasses et jardins éclairés par un ciel
d'orient. A l'horizon, la mer.

SCÈNE PREMIÈRE

GIAFFIR, SÉLIM, ZULEIKA, ODALISQUES, et suite de
Giaffir.

Giaffir est assis, à l'orientale, sur la terrasse. Il est absorbé dans ses
pensées et aspire dans sa chibouque la fumée du latakié, pendant que
ses Odalisques s'efforcent de le distraire par leurs danses et leurs
chants. Zuleika, appuyée sur une esclave, se tient auprès de lui. Sélim,
debout, à gauche, semble ne s'intéresser qu'à Zuleika.

INTRODUCTION.

CHOEUR DANSÉ.

Péris aux pieds légers,
Plus légères almées,
Mêlez vos danses animées
Aux brises embaumées,
Aux doux parfums des orangers !
Dansez, les plaisirs vont renaître ;
Vos grâces et votre beauté,
Sauront ramener la gaîté
Sur le front soucieux du maître.
Péris aux pieds légers,
Plus légères almées,
Mêlez vos danses animées
Aux brises embaumées,
Aux doux parfums des orangers.

ZULEÏKA, s'adressant à Giaffir, avec respect.

Quelle tristesse en vous, ô mon maître, ô mon père,
Qu'avez-vous ?

GIAFFIR.

Rien !

ZULEÏKA.

Aucun plaisir
Ne semble en ce jour vous distraire ;
Parlez ! Formez quelque désir !

Giaffir ne répond pas.

SÉLIM, les regardant.

Richesse, honneurs, pouvoir ! c'est là sa rêveeri...
Et dans ses rêves impuissants,
Il reste insensible aux accents
De Zuleïka, ma sœur, de son enfant chérie !

ZULEÏKA, à Giaffir.

Vous plaît-il que je vous redise,
La dernière chanson,
Qui par Sélim me fut apprise ?

GIAFFIR.

Non !

Voyant que Giaffir est retombé dans sa rêverie, Zuleïka prend un luth
qu'une esclave s'empresse de lui apporter, et chante.

CHANSON DE SAADI.

I

Ainsi que l'on aime une rose,
Pour son parfum et sa couleur,
J'aime une vierge à peine éclose
Et dont l'âme est encor en fleur.
Si je parle, chante ou soupire,
Elle écoute le cœur charmé,
Et ses yeux et son doux sourire
Me disent que je suis aimé.
Sans la beauté, sans la tendresse,
Ici-bas tout est vanité ;
Savoir plaire, c'est la sagesse,
Aimer, voilà la vérité.

II

Où s'en vont mes jours, je l'ignore,
Mais le ciel me semble étoilé
Si pour moi seul, moi qui l'adore,
Son front blanc n'est jamais voilé.
Et depuis l'heure fortunée,

L'heure du premier mot d'amour,
Nous avons vu fuir une année
En croyant ne vivre qu'un jour.
Sans la beauté, sans la tendresse
Ici-bas, tout est vanité ;
Savoir plaire, c'est la sagesse,
Aimer, voilà la vérité.

En s'éloignant dans les jardins et sur le chœur qui suit.

Ah ! ah ! ah ! ah !

GIAFFIR, *qui à la voix de sa fille est sorti de sa rêverie et l'écoute avec joie.*

C'est la voix de ma fille aimée,
Et j'écoute, l'âme charmée,
Ah ! chante, chante encor !

SÉLIM ET LE CHŒUR.

La voix de sa fille aimée
Gaîment a pris son essor,
Et l'âme charmée,
Il écoute encor.

SCÈNE II

LES MÊMES, HAROUN.

GIAFFIR.

Mais qui vient ?... C'est Haroun... qu'on lui livre passage.

HAROUN, *un message à la main et s'inclinant.*

Du bey de Carasman, maître, c'est un message
A vous seul destiné.

GIAFFIR, *le prenant avec joie.*

Message heureux, jour fortuné,
Donne, je l'attendais, et j'ai hâte de lire...

SÉLIM, *à part.*

Le bey de Carasman ! et que peut-il écrire ?

GIAFFIR, *lisant, et parlé, à lui-même.*

Il consent, et ce soir il arrive... c'est bien !
Désormais, je ne crains plus rien !

(A Haroun.)

Ce soir, les envoyés que cet écrit devance
Seront admis en ma présence !

Haroun s'incline et sort.

GIAFFIR, *à son entourage et se levant.*

Pour recevoir un hôte et noble et courageux,
Que tout respire un air de fête,

Ici que tout s'apprête,
Les danses et les jeux !

Il se rassied et relit son message.

REPRISE DU CHŒUR.

Péris aux pieds légers,
Plus légères aimées,
Mêlez vos danses animées
Aux brises embaumées,
Aux doux parfums des orangers.

Les esclaves et les gardes se retirent.

Fin de l'introduction.

SCÈNE III

GIAFFIR, SÉLIM.

SÉLIM.

RÉCIT.

Au bey de Carasman vous faites grand honneur ;
Je ne lui savais pas un mérite aussi rare !
C'est, dit-on, un vieillard rusé, prudent, avare...
Qui peut donc lui vouloir une telle faveur ?

GIAFFIR, avec colère.

Qui donc ici s'arroge
Le droit de me parler avant que j'interroge ?

(Avec ironie.)

Depuis quand dans tes mains voit-on briller l'acier ?
Et qui t'a jamais vu diriger un coursier ?
Il te sied bien à toi de parler de prudence !

SÉLIM.

Mais, mon père...

GIAFFIR.

Silence !
Va, va ! je le dis à regret,
Mais tu n'es qu'un rêveur en somme !...
Un père en vain se flatterait
En toi de voir un homme !

SÉLIM, qui a relevé la tête, avec menace et fierté.

Un tel outrage !

GIAFFIR.

Eh bien ?

SÉLIM, baissant la tête.

Pardon ! ici je ne suis rien !

GIAFFIR.

De mes desseins, alors, ne cherche pas les causes ;
Comme par le passé, va donc, avec ta sœur,

(Avec ironie.)

Chanter, respirer une fleur,
Et voir s'épanouir les roses !...
Pourquoi j'attends le bey et le veux recevoir,
Vous deux vous allez le savoir.

Montrant Zuleïka qui rentre.

TRIO.

GIAFFIR, à Zuleïka et avec douceur.

Avec le retour du printemps,
Revient aussi la date fortunée
Du beau jour où vous êtes née ;
Ma fille, vous avez vingt ans !

ZULEÏKA.

Eh ! quoi ! déjà vingt ans !
Voilà vingt ans que je suis née !

SÉLIM.

Age heureux de la destinée
Qui de la vie est le printemps !

GIAFFIR, avec douceur.

Zuleïka, malgré mes regrets
De perdre l'enfant dont j'aimais
La beauté, la grâce ingénue,
Allah le veut ! l'heure est venue,
Il faut nous quitter pour jamais.

ZULEÏKA.

Moi, vous quitter ? quelle pensée affreuse !...
Ici ne suis-je pas heureuse ?
Tous mes jours me semblent si doux,
Auprès de mon frère et de vous !

Non, non, non ! Si je vous suis chère,
Gardez-moi près de vous, mon père,
Ah ! gardez pour votre bonheur
L'enfant qu'en vos jours de faveur
Vous nommez votre oiseau chanteur !
Dans le divan, avec l'aurore,
Aux premiers rayons du soleil,
Qui pour vous chanterait encore,
Dès l'aurore,
Qui charmerait votre réveil ?
Légers comme les hirondelles,
Pour charmer vos jours,

Mes chants joyeux avaient des ailes ;
Ah ! laissez-moi chanter toujours !

GIAFFIR, *doucement.*

Ce départ, chère enfant, m'attriste, me désole ;
Pourtant tu dois partir... j'ai donné ma parole...
Le bey de Carasman veut être ton époux.

SÉLIM et ZULEÏKA, *ensemble.*

Le bey de Carasman ! ô ciel ! que dites-vous !

SÉLIM.

Mais sa richesse est mal acquise...

GIAFFIR, *avec autorité.*

Par ma puissance unie aux beys de Carasman,
Je brave désormais les firmans du sultan...
Je l'attends dès ce soir, que cela vous suffise !

ZULEÏKA, *effrayée.*

Cet hymen comme une menace
Me remplit de crainte et d'effroi.
Seigneur, à vos pieds que j'embrasse,
Par pitié, seigneur, gardez-moi !

SÉLIM, *à part.*

Cet hymen comme une menace
Me remplit de crainte et d'effroi ;
A ce mot tout mon sang se glace ;
Elle ne doit aimer que moi !

GIAFFIR, *à sa fille.*

Cet hymen comme une menace
Te remplit de crainte et d'effroi...
Cet époux est de noble race,
Enfant, il est digne de toi.
    A mes ordres soumis,
    J'entends qu'on obéisse ;
    A mes amis, justice !
    Haine à mes ennemis !

REPRISE ENSEMBLE.

SÉLIM.

Cet hymen comme une menace
Me remplit de crainte et d'effroi ;
A ce mot tout mon sang se glace ;
Elle ne doit aimer que moi !

ZULEÏKA.

Cet hymen comme une menace
Me remplit de crainte et d'effroi.
Seigneur ! à vos pieds que j'embrasse,
Par pitié, seigneur, gardez-moi !

GIAFFIR.

Cet hymen comme une menace
Te remplit de crainte et d'effroi ;
Cet époux est de noble race,
Enfant, il est digne de toi !

Fin du trio.

Giaffir sort appuyé sur Zuleika, et tous deux disparaissent dans les jardins.

SCÈNE IV

SÉLIM seul, agité.

RÉCITATIF.

Je frémis et me sens pâlir !
Avant ce soir ma destinée
Va s'accomplir !
Ta vie à ce vieillard serait donc enchaînée,
O toi qui dès l'enfance appris à me chérir...
Non !... non ! tu ne dois pas souffrir...
C'est à moi de frapper, c'est à moi de punir !

AIR.

Toi qui m'écoutes dans les cieux,
Daigne m'inspirer, ô mon père !
Vois les pleurs que j'ai dans les yeux,
Vois ma douleur et ma misère !...

Toi qui conduis mon bras vengeur,
Ah ! daigne épargner l'innocence !
Vois l'amour que j'ai dans le cœur :
Je l'aime, hélas ! depuis l'enfance !

Toi qui m'écoutes dans les cieux,
Daigne m'inspirer, ô mon père !
Vois ma douleur et ma misère,
Inspire-moi du haut des cieux !

Il faut le frapper sans faiblesse,
Dans son amour pour son enfant.
Elle est son orgueil, sa tendresse...
Voilà, voilà son châtiment !

Agitato.

Le voile se déchire
Et ton ombre m'inspire :
Dans mon cœur j'ai su lire
Et la haine !... et l'amour.
A la douce innocence
Oubli, pardon, clémence !
Au crime, la vengeance,
Et justice en un jour !

1.

SCÈNE V

SÉLIM, GIAFFIR, ZULEIKA, HAROUN, Gardes et
Esclaves apportant les présents destinés à Zuleïka et précé-
dant les envoyés du bey de Carasman.

CHOEUR.

Honneur et gloire à la plus belle
Dont notre maître est l'esclave soumis !
Nous le précédons auprès d'elle
Avec tous les présents à ses charmes promis.

CHOEUR DE FEMMES, à Zuleïka.

Que ces présents te prouvent la tendresse
     De l'époux qui t'est destiné.
     Que de joyaux !... quelle richesse !
     Vois l'honneur qui t'est décerné !

Elles parent Zuleïka qui se laisse faire machinalement.

     Parure nouvelle
     La rendra plus belle !...
     Sous la soie et l'or
Elle sera plus belle encor !

GIAFFIR, à Zuleïka.

Ah ! quelle magnificence !
Tu vois comme il te fait honneur !...
Vers toi le bonheur s'avance,
Allons ! viens sourire au bonheur !

LE CHOEUR.

Ah ! quelle magnificence !
Tu vois comme il te fait honneur !
Vers toi le bonheur s'avance,
Allons ! viens sourire au bonheur !

Entrent les envoyés du bey de Carasman. Giaffir va au-devant d'eux et
s'occupe de les recevoir.

SÉLIM, s'approchant de Zuleïka et à demi-voix.

Je ne suis pas ce que je parais être ;
     Viens, à la nuit, dans les bosquets...

ZULEÏKA, étonnée.

Que dis-tu ?

SÉLIM, de même.

     Là, tu sauras des secrets
     Que nul ne peut connaître !
     En silence, sans bruit,
     Viens, viens !

ZULEÏKA, bas.

Je viendrai cette nuit !

HAROUN, s'approchant de Sélim, lui serrant la main et à demi-voix.

Cette fête imprévue
Doit servir nos desseins; enfin l'heure est venue !
A la vieille mosquée, en nombre, nos amis
Cette nuit seront réunis !

Sélim fait un geste d'assentiment. — Haroun s'éloigne.

REPRISE DU CHŒUR.

Honneur et gloire à la plus belle
Dont notre maître est l'esclave soumis !
Nous le précédons auprès d'elle
Avec tous les présents à ses charmes promis.

Le rideau baisse.

ACTE DEUXIÈME

Les jardins du harem. Au milieu de la scène, un palmier sous lequel est
un banc de verdure. A droite, avec porte et fenêtre, le kiosque habité
par Zuleïka.

SCÈNE PREMIÈRE

Au lever du rideau la scène est vide, c'est le coucher du soleil, et la
prière du soir des musulmans se fait entendre au dehors.

PRIÈRE, au dehors.

Allah seul est Dieu ! seul est grand !
Et Mahomet est son prophète ;
Musulman, quel que soit ton rang,
Prosterne-toi, courbe la tête,
Allah seul est Dieu ! seul est grand !...

ZULEÏKA, paraissant à sa fenêtre.

Allah seul est Dieu ! seul est grand !

RÉCITATIF.

Le soleil fuit, emportant la lumière,
A l'horizon il disparaît,
Et le muezzin du haut du minaret
Vient inviter à la prière !

MÉLODIE.

O nuit qui me couvres de voiles,
O tremblante clarté
De ces rayons d'argent qu'on nomme des étoiles,
Venez rendre le calme à mon cœur agité !
C'est comme une voix inconnue
Qui s'éveille et chante en mon cœur ;
Je me sens inquiète, émue !...
C'est comme un rêve de bonheur !
O nuit ! qui me couvres de voiles,
O tremblante clarté
De ces rayons d'argent qu'on nomme des étoiles,
Venez rendre le calme à mon cœur agité !

A ce moment on entend en sourdine la ronde des mangrabins. Zuleïka
ferme sa fenêtre et se retire en les voyant paraître. — La nuit est
venue.

SCÈNE II

RONDE DE MAUGRABINS.

CHOEUR.

Sans bruit,
Dans l'ombre et le silence,
Cherchons avec prudence,
Avançons dans la nuit!
Sans bruit,
Avançons dans la nuit.
Malheur à l'indiscret qui se cache ou s'enfuit!

Ils descendent la scène.

Le maître a dit, le maître au front sévère,
La mort à l'imprudent
Qui du harem troublerait le mystère,
La mort au mécréant.
De la nuit plus sombre
Interrogeons l'ombre,
Il faut obéir,
Du maître c'est le bon plaisir!
Sans bruit,
Dans l'ombre et le silence,
Cherchons avec prudence,
Avançons dans la nuit.
Malheur à l'indiscret qui se cache ou s'enfuit!

Ils s'éloignent et leurs voix se perdent peu à peu dans l'espace.

SCÈNE III

GIAFFIR, qui s'est montré au fond au moment où ses maugrabins
s'éloignent, descend la scène quand ils ont disparu.

RÉCITATIF.

A tous les bruits du soir succède le silence
Et tout s'endort avec la nuit!...
Moi seul, je veille encore... aux jours passés je pense...
Je pense!... et le repos me fuit!

Avec éclat.

Non, non! point de remords stérile!
Tout ce qui m'a fait grand appartient au passé.
Être puissant, c'est être habile,
Qu'importe le chemin par lequel j'ai passé!

AIR.

Ciel d'Orient aux brûlantes haleines,
   Parfums d'un pays enchanté,
Enivrez-moi! Ravivez dans mes veines
   Et l'audace et la volonté!
Encor un pas, un élan de courage,
   Et je vais si haut m'élever,
Que jusqu'à moi la foudre de l'orage
   Ne pourra pas même arriver!
Ciel d'Orient aux brûlantes haleines,
   Parfums d'un pays enchanté,
Enivrez-moi! ravivez dans mes veines
   Et l'audace et la volonté!

Il va sortir lorsqu'il s'arrête étonné et prête l'oreille, en entendant un bruit
de pas qui se rapproche. Il se retire au fond et observe.

SCÈNE IV

GIAFFIR, au fond; SÉLIM, puis ZULEIKA

SÉLIM, entrant avec précaution et s'avançant vers le kiosque.
Zuleïka! Zuleïka! m'entends-tu?

ZULEÏKA, paraissant.

Me voici!

SÉLIM.

Ah! viens!

GIAFFIR, se rapprochant.
Qu'entends-je?

On a parlé!...

SÉLIM.

Ne tremble pas ainsi,
Viens!...

GIAFFIR, se rapprochant encore.
Sélim, ici! c'est étrange!

Il s'éloigne et les observe.

ZULEÏKA.

Non! je ne crains rien près de toi.

SÉLIM, la faisant asseoir sous le palmier.
Courage, cependant, il en faut pour apprendre
Ce que je dois te faire entendre!
O Zuleïka, n'aime que moi;
Je suis fils d'Abdallah!... Giaffir n'est pas mon père!

SÉLIM.

O ciel! que me dis-tu!

SÉLIM.

Je ne suis pas ton frère!...
Abdallah, de Giaffir était le frère aîné,
Il occupait le rang suprême ;
Mais il est mort, mon père... hélas!... assassiné
Par la main de Giaffir lui-même,

ZULEÏKA, avec un cri.

Ah!

Giaffir, qui s'est glissé derrière le palmier, invisible dans la nuit, écoute
Sélim depuis quelques instants. Quand celui-ci le dévoile comme meurtrier de son frère, dans un mouvement de rage, il saisit son yatagan
pour frapper Sélim ; mais à cet instant aussi, Zuleïka s'étant rapprochée
de Sélim, le pacha s'est arrêté épouvanté en voyant son arme levée sur
la tête de sa fille. Tout tremblant, il remet la lame au fourreau et con-
tinue à écouter. Les amants n'ont rien vu de cette scène.

SÉLIM, continuant.

Moi, le fils d'Abdallah, j'ai dû périr aussi,
J'étais condamné dès l'enfance!
Mais Haroun m'a sauvé!... pendant vingt ans, ici,
Il a su cacher ma naissance.
Giaffir avait un fils... de mon âge, et la mort
Ayant pris ce fils à sa mère,
Haroun et cette femme, en se mettant d'accord,
Me firent passer pour ton frère!

DUO.

SÉLIM, se levant.

Tu sais toute la vérité,
Hélas!... et ton cœur attristé
Ne doit conserver aucun doute ;
Mais je n'ai pas tout dit... ma bien-aimée, écoute!
Je ne suis plus dès ce moment
Un frère qui t'implore...
Non!... Zuleïka, c'est un amant
Qui t'aime, qui t'adore!
Passer ma vie auprès de toi
Ce serait le bonheur suprême!
Si tu m'aimes comme je t'aime,
Ma douce amie! oh! dis-le-moi.

ZULEÏKA, avec joie.

Doux aveu, langage charmant,
Ta voix, plus chère encore,
Parle à mon cœur plus tendrement ;
Je t'aime! je t'adore!

Passer ta vie auprès de moi,
C'est, dis-tu, le bonheur suprême !
Ainsi que tu m'aimes, je t'aime !
Ma vie à toi ! mon âme à toi !

SÉLIM.

Oh ! parle encor, ma bien-aimée.
Je t'écoute, l'âme charmée ;
Redis-le-moi
Ce mot divin : Je t'aime !...
Ce mot qui met tout mon cœur en émoi,
Ce mot qu'envie à l'homme un ange même !...
Redis-le-moi !

ZULEÏKA.

Ainsi que tu m'aimes, je t'aime !
Ma vie à toi ! mon âme à toi !

SÉLIM.

Il faut fuir tous les deux !

ZULEÏKA.

Quoi, fuir ?

SÉLIM.

Oui, si tu veux
Que je renonce à ma vengeance,
Viens loin d'ici, viens cacher nos amours,
Et de Giaffir j'épargnerai les jours ;
Dans tes mains est son existence !

ZULEÏKA, suppliante.

Reste !... Et renonce à te venger.

SÉLIM.

Ton amour peut le protéger,
Mais il faut fuir cette nuit même...

ZULEÏKA.

Le quitter !...

SÉLIM.

L'instant est suprême.
On va t'entraîner loin de moi !

ZULEÏKA, avec élan.

Non ! non ! à toi !... toujours à toi !

SÉLIM.

O flamme de la vie !
Amour, ô roi des cœurs,
Dans mon âme ravie
Tes accents sont vainqueurs !

ZULEÏKA.

Doux serments de tendresse,

Combien vous nous charmez !
Rien n'égale l'ivresse
De ceux qui sont aimés !

ENSEMBLE.

O flamme de la vie, etc.

SÉLIM, l'entraînant.

Ah ! désormais tu m'appartiens
Viens ! Fuyons ! viens !

SCÈNE V

ZULEIKA, SÉLIM ; GIAFFIR, paraissant au moment où ils vont
fuir ; puis les soldats de Giaffir avec des torches allumées et le cimeterre
à la main.

TRIO.

GIAFFIR.

Fuyez donc !

SÉLIM, tirant son yatagan.

Giaffir !

ZULEÏKA, se jetant entre eux.

Ah ! mon père !...

GIAFFIR, à Sélim.

Imprudent téméraire !
Frappe-moi donc, toi qui, dans ma maison,
Me préparais la trahison !

ZULEÏKA, se jetant aux pieds de Giaffir.

Votre colère, hélas ! m'accable ;
Mais j'implore votre amitié.
Moi seule, ici, je suis coupable ;
De Sélim, ah ! prenez pitié !
Dans mon délire
J'osai lui dire :
Sélim, sois mon époux.
Ah ! grâce encore,
Je vous implore
A genoux !
J'étais insensée ;
Et d'effroi glacée,
J'implore votre appui !
Seigneur, pitié pour lui !

GIAFFIR.

Pour un sujet rebelle
Point de pitié ! non, non !

SÉLIM.

Grâce pour elle !

GIAFFIR.

Non, non ! point de pardon !

Appelant.

Soldats ! accourez tous,
Venez seconder mon courroux.

*Les soldats de Giaffir, avec des torches allumées et le cimeterre à la main,
envahissent le théâtre.*

GIAFFIR, aux soldats, montrant Sélim.

Emparez-vous d'un traître
Qui mérite la mort !
Vengez tous votre maître,
Qu'il subisse son sort !...

ENSEMBLE.

GIAFFIR.

Point de pardon, point de clémence !
Haine à qui me veut outrager !
Qu'ici son châtiment commence,
Sur lui je saurai me venger !

ZULEÏKA, SÉLIM.

Hélas ! pour nous plus d'espérance,
Comment $\genfrac{}{}{0pt}{}{me}{le}$ soustraire au danger ?
Contre son courroux, sa vengeance,
Seul le ciel peut $\genfrac{}{}{0pt}{}{me}{le}$ protéger !

LE CHOEUR.

Point de pardon, point de clémence !
Sélim a voulu l'outrager ;
Déjà son châtiment commence,
Le maître saura se venger !

GIAFFIR, aux soldats, montrant Sélim.

De lui, que l'on s'empare !

ZULEÏKA.

Ah ! ma raison s'égare !

CHOEUR DES SOLDATS.

Emparons-nous du traître
Qui mérite la mort !
Et par l'ordre du maître
Il subira son sort !

ZULEÏKA, s'élançant vers eux.

Non ! arrêtez... mon père, ah ! je vous en supplie,
A Sélim accordez la vie,

Et, dès demain, j'accompagne l'époux
Auquel votre cœur me confie ;
Jé vous le jure à vos genoux !

GIAFFIR, à Zuleïka.

Si ta promesse ici m'est faite
Par le tombeau du vrai prophète.

ZULEÏKA, étendant la main.

Par le tombeau du vrai prophète !

SÉLIM, avec douleur.

Ah ! Zuleïka ! tu trahis ton amant !

GIAFFIR, à Zuleïka.

C'est bien !... je reçois ton serment.

À ses gardes, en montrant Sélim.

Qu'on l'emmène ! Chacun m'en répond sur sa tête !
Et que, séparés pour toujours,
Ils déplorent tous deux leurs coupables amours !

SÉLIM, avec douleur à Zuleïka.

Ah ! qu'as-tu fait ? ô ciel ! ta voix si chère
A prononcé ce terrible serment...
Mais ton amour, c'était ma vie entière !
Ah ! Zuleïka ! tu trahis ton amant !
Ah ! qu'as-tu fait ? ma vie entière,
C'était ton amour,
Je le perds sans retour.

ZULEÏKA, émue, à part.

O douleur, ô misère !
Que répondre à sa voix si chère ?
Allah ! viens à mon aide, et reçois mon serment !

REPRISE DU CHŒUR.

Emparons-nous du traître
Qui mérite la mort !
Et par l'ordre du maître
Il subira son sort !

On entraîne Sélim. Zuleïka, suppliante, se jette de nouveau aux pieds de son
père. — Le rideau baisse.

ACTE TROISIÈME

PREMIER TABLEAU

Les ruines d'une mosquée. — Chapiteaux renversés au milieu de ronces
et de pierres, fûts de colonnes entourés de plantes parasites. — Site
pittoresque. — Nuit et clair de lune.

SCÈNE PREMIÈRE

HAROUN, entouré des Conjurés partisans de SELIM ; MEDJÉ,
appuyée contre un fût de colonne, au fond.

HAROUN.

Sélim, fils d'Abdallah, que vous honorez tous...

LES CONJURÉS.

Que nous honorons tous !

HAROUN.

Sélim, fils d'Abdallah, peut-il compter sur vous ?

LES CONJURÉS.

Il peut compter sur nous !

HAROUN.

Dans l'ombre et le silence,
Préparez-vous ! l'heure s'avance.
Je connais votre cœur, je sais votre vaillance,
La crainte et le trépas
Ne vous arrêtent pas !

TOUS, avec enthousiasme.

Sélim sera vainqueur,
Nous avons pour complice,
Nous, notre honneur,
Lui, la justice !

HAROUN.

Sélim sera vainqueur au nom de la justice,
Mais grâce à vous aussi, grâce à votre valeur !

TOUS, étendant leurs armes.

Sélim sera vainqueur !

INVOCATION.

HAROUN.

Toi, l'éternelle égide
Des justes et des forts,
Allah ! sois notre guide,
Viens bénir nos efforts !

Chaque jour on t'adore,
On suit ta douce loi...
De la voix qui t'implore,
Daigne affermir la foi !

TOUS.

Toi, l'éternelle égide
Des justes et des forts,
Allah ! sois notre guide,
Viens bénir nos efforts !

HAROUN, à un conjuré.

Osman, toi, tu promets
De nous livrer les gardiens du palais ?

OSMAN.

Je promets de livrer les gardiens du palais.

HAROUN, à deux autres.

Vous, amis prudents et fidèles,
Vous vous chargez des sentinelles ?

LES CONJURÉS.

Nous répondons des sentinelles.

HAROUN, aux autres.

Et vous, si je ne suis pas là,
Vous suivrez le fils d'Abdallah ?

TOUS.

Nous suivrons le fils d'Abdallah !

HAROUN.

Ce n'est pas tout encor : ma vie est menacée,
Mais qu'importe mon sort
Si vous jurez ici, qu'Haroun vivant ou mort,
Vous saurez achever son œuvre commencée !

TOUS, étendant leurs armes.

Haroun vivant ou mort,
Nous jurons d'achever son œuvre commencée !

REPRISE ENSEMBLE.

Toi, l'éternelle égide
Des justes et des forts,

Allah! sois notre guide,
Viens bénir nos efforts!

Sur un signe d'Haroun, ils se dispersent dans différentes directions;
Haroun les suit. Medjé, après avoir écouté, s'éloigne lentement.

SCÈNE II

ZULEIKA, *seule; agitée et tremblante, elle s'avance avec crainte à travers les ruines.*

Avançons encor... du courage!

Effrayée.

Qu'ai-je entendu? quel est ce bruit?

Se rassurant.

Non!... c'est la plainte du feuillage
Qui m'accompagne et qui me suit!
Ah!... quel silence m'environne!
Dans la nuit... seule ici... j'ai peur!
Au bruit de mes pas je frissonne.

Apercevant Haroun qui paraît au milieu des ruines suivi de Medjé.

C'est Haroun! ô bonheur!

SCÈNE III

ZULEIKA, HAROUN, MEDJÉ.

ZULEÏKA, *s'élançant au-devant d'Haroun.*
Ah! plus de crainte, plus d'effroi,
Haroun! enfin! c'est toi!

HAROUN, *étonné.*
Zuleïka!... chère enfant, en ces lieux, à cette heure?
Ah! pars! fuis à l'instant cette sombre demeure!

ZULEÏKA, *sans l'écouter, vivement.*
Conduis-moi vers Sélim, Haroun, je veux le voir,
Parle! où l'a-t-on conduit? Toi, tu dois le savoir?

HAROUN.

Je ne te comprends pas?

ZULEÏKA.

On ne t'a donc pas dit
Ce qui s'est passé cette nuit?
Sélim m'aime, entends-tu? Mais non pas comme un frère...
Et moi je l'aime aussi...

HAROUN.
Tu sais...

ZULEÏKA.

                        Hélas! mon père
L'a surpris à mes pieds... et j'ai fait le serment
D'épouser, dès demain, le bey de Carasman!

HAROUN.

Et Sélim ?...

ZULEÏKA.

            A ce prix on épargne sa vie ;
Mais ne crois pas, Haroun, que mon serment me lie :
Pour lui je me parjure ! Ah! viens, guide mes pas !

HAROUN.

Je ne puis !

ZULEÏKA.

        Que dis-tu ?

HAROUN.

                    Ne m'interroge pas,
Mes instants sont comptés !

ZULEÏKA.

                    Ah! tu ne m'aimes pas
    Je n'ai plus qu'à mourir, hélas !

DUO.

HAROUN.

Enfant, laisse ton cœur s'ouvrir à l'espérance.
De même qu'à la nuit vient succéder le jour,
De même le bonheur succède à la souffrance,
Et tu verras le ciel sourire à ton amour.

ZULEÏKA.

        Dans mon cœur l'espérance
        Vient briller à son tour,
        Et du ciel la clémence
    Semble sourire à mon amour !
    Mais un serment fatal m'enchaîne,
    Le bey doit être mon époux ;
    Dès demain, hélas, on m'entraîne
    Loin de Sélim et loin de vous !

HAROUN.

        Rassure-toi,
        Ecoute-moi !
Demain, Sélim et moi, tu nous verras peut-être
Quand l'heure sonnera pour l'hymen qui t'attend.
        Mais si dans cet instant
        Nous ne pouvons encor paraître,

Montrant Medjé.

Ne crains rien !... mon esclave auprès de toi viendra...
Promets-moi d'accomplir ce qu'elle ordonnera !

ZULEÏKA.

A tes désirs, Haroun, ah ! je souscris d'avance
Et je t'obéirai, je le promets !

HAROUN.

C'est bien !
Mais on a remarqué peut-être ton absence,
Pars, et rentre au harem, sans bruit, avec prudence;
Que de notre entrevue on ne soupçonne rien!

REPRISE DE L'ENSEMBLE.

ZULEÏKA.

Dans mon cœur l'espérance
Vient briller à son tour,
Et du ciel la clémence
Semble sourire à mon amour.

HAROUN.

Enfant, laisse ton cœur s'ouvrir à l'espérance,
De même qu'à la nuit vient succéder le jour,
De même le bonheur succède à la souffrance,
Et tu verras le ciel sourire à ton amour.

Zuleïka sort.

SCÈNE IV

HAROUN, MEDJÉ.

HAROUN, à Medjé.

Toi, qui de la nature as surpris les secrets,
Toi, dont le zèle ardent égale la prudence...
Toi qui connais tous nos projets,
Je dois pouvoir compter sur ton obéissance ?

Medjé se prosterne et, prenant la robe d'Haroun, la porte à ses lèvres et
à son front, en signe de soumission absolue.

HAROUN, continuant.

Tu le sais, cet hymen ne doit pas s'accomplir,
C'est à Sélim vainqueur que nous devons l'unir.

Signe d'assentiment de Medjé.

Et si dans l'entreprise
Ta pensée est surprise,
Même en face du châtiment,
Tu te tairas?... tu m'en fais le serment ?

Medjé jure qu'elle sera fidèle ; mais tout à coup, par un geste d'effroi, elle
indique à Haroun qu'ils ont été surpris. Les mangrabins de Giafür ont
paru silencieusement de tous côtés. Interruption musicale.

SCÈNE V

HAROUN, MEDJÉ, GIAFFIR, Maugrabins, occupant toutes
les issues.

GIAFFIR, arrêtant Haroun qui va sortir.

Je te cherchais, Haroun, où vas-tu donc?

HAROUN.

O maitre,

Rejoindre dans l'exil Sélim, ton fils...

GIAFFIR.

Non, traitre!

Sélim n'est pas mon fils, ne sais-tu pas cela?
C'est le fils d'Abdallah!
Et sais-tu bien comment on nomme
Celui qui m'a trahi? celui qui va mourir?

HAROUN, avec fierté.

Regarde, c'est un homme
Qui verra la mort sans pâlir!

GIAFFIR.

Mes ordres sont donnés, va, serviteur fidèle,
Va! Mahomet t'appelle!

HAROUN.

Salut à Mahomet! mais la mort qui m'attend,
Le sais-tu, toi, Giaffir, sera ton châtiment!

Les maugrabins l'entraînent sur un geste de Giaffir; Medjé porte la main à
son poignard, en se glissant près de Giaffir qui est resté seul, mais elle
paraît se raviser et attend.

GIAFFIR, seul.

Mon châtiment? que m'a dit cet esclave?
Vaine menace! je la brave!

Au moment de sortir, son regard rencontre Medjé. Celle-ci, en signe de
soumission, vient se prosterner devant lui et porte à ses lèvres les plis
de sa robe. Giaffir rassuré s'éloigne appuyé sur elle. — Le décor
change.

2

DEUXIÈME TABLEAU

L'intérieur du harem ouvrant sur des jardins. Au loin, Abydos et ses mosquées. — Grand jour.

SCÈNE PREMIÈRE

ZULEIKA, seule.

AIR.

C'est de ce jour que je commence à vivre,
En moi tout semble s'animer !
Autour de moi tout m'attire et m'enivre !
J'aime ! et toujours je veux aimer.
Viens, cher Sélim, ma voix t'appelle
Va, mon cœur n'a fait qu'un serment,
Celui de te rester fidèle.
Viens, cher époux, viens, cher amant !

Mais du cortége nuptial
Je crois entendre le signal ?
Des femmes du harem c'est la foule empressée...
On vient parer la fiancée.
Je suis prête... accourez ! Mon cœur est plein d'espoir ;
Celui qui va venir, celui que je vais voir,
Non ! ce n'est pas l'époux que me choisit mon père,
Espère ! a dit Haroun, espère !
Et celui que j'attends, qui s'approche... ô bonheur !
C'est mon Sélim aimé, c'est l'amant de mon cœur !

ALLEGRO.

Nouvelle ivresse,
Tendre caresse,
Comme un vainqueur,
C'est l'amour qui chante en mon cœur !

Sa douce flamme
Brille en mon âme,
Comme au réveil
Brille un gai rayon de soleil !

SCÈNE II

ZULEIKA, GIAFFIR, entrant suivi de ses gardes, des compagnes de
Zuleïka et des envoyés du bey de Carasman.

GIAFFIR, à Zuleïka.

Pour l'hymen es-tu prête?

ZULEÏKA.

A vos ordres j'obéirai.

GIAFFIR.

Par le tombeau du vrai prophète,
Tu l'as juré!

ZULEÏKA, à part, cherchant autour d'elle.

Hélas! hélas!
Sélim ne paraît pas!

GIAFFIR, doucement.

Viens, mon enfant, ma bien-aimée,
A la mosquée on nous attend.
Viens, ma péri, ma blanche almée,
De ton hymen voici l'instant!

LES COMPAGNES DE ZULEÏKA.

CHŒUR.

Que de jeunesse et que de charmes!
Chère enfant, en quittant ces lieux,
Ses regrets font couler ses larmes
Et son cœur nous fait ses adieux!

CHŒUR GÉNÉRAL.

Célébrons par notre allégresse
Cet heureux jour!
C'est la fête de la jeunesse
Et de l'amour!

ZULEÏKA, à part.

Hélas! hélas!
Sélim ne paraît pas!

Un groupe de jeunes filles arrive et dépose des corbeilles de fleurs aux
pieds de la fiancée. Medjé, qui a paru parmi elles, se glisse près de
Zuleïka et lui présente une fleur. Zuleïka, la reconnaissant, à part.

A Medjé.

Ah! l'esclave d'Haroun! C'est pour moi cette fleur?

Medjé répond affirmativement et lui fait signe de la respirer, Zuleïka la respire, puis elle prend la main de Giaffir qui vient la chercher et se dirige avec lui vers le fond du théâtre. Tout à coup elle s'arrête, chancelle et, laissant échapper la fleur, tombe privée de sentiment dans les bras de son père.

LE CHŒUR.

Malheur! malheur!

Mouvement de joie de Medjé, consternation générale. Le rideau baisse.

ACTE QUATRIÈME

Une salle du palais de Giaffir. Elle ouvre sur une galerie. Au fond, à
gauche, un lit de parade entouré de draperies, et sur lequel est
étendue Zuleïka; elle a le visage découvert et est parée de ses vête-
ments de fiancée. Giaffir, plongé dans la douleur, est assis près d'une
table à droite.

SCÈNE PREMIÈRE

ZULEIKA, GIAFFIR.

Au lever du rideau, on voit Medjé traverser la galerie et s'approcher du
lit de parade. Elle se penche vers Zuleïka et écoute. Puis elle disparaît
derrière les draperies.

GIAFFIR, se levant et s'approchant de sa fille.

RÉCITATIF.

La voilà, mon enfant, sans vie et sans pensée !
J'approche... je la vois... j'ose espérer encor...
Je soulève sa main... qui retombe glacée...
C'est donc vrai !... je suis seul désormais... c'est la mort !

ROMANCE.

Fille chérie
O mon unique amour,
A tes genoux, tu vois, je prie,
Daigne rouvrir tes yeux au jour !
Ah ! si ma vie, à moi, t'est chère,
Pour m'aimer, reviens près de moi !...
Viens ! reviens consoler un père
Qui ne saurait vivre sans toi !

Hélas ! hélas ! tout m'abandonne !
Ombre vaine d'espoir ! ô désirs superflus !
Le froid de la mort l'environne...
Adieu ! ma fille ! adieu ! je ne te verrai plus !

Il va tomber agenouillé auprès de sa fille et reste plongé dans sa douleur.

SCÉNE II

GIAFFIR, au fond, caché par la draperie, LES CONJURÉS, les armes
à la main, envahissant le théâtre.

CHOEUR.

Allah nous conduit,
La mort nous précède et nous suit!
Vengeance, vengeance!
Point de résistance!
Le palais est à nous,
Que Giaffir tombe sous nos coups !

SCÉNE III

LE CHOEUR, GIAFFIR, puis SÉLIM.

GIAFFIR, entr'ouvrant la draperie et paraissant.
Quels cris et quels éclats!...
Ici que cherchez-vous et que venez-vous faire,
Imprudents qui ne craignez pas
De troubler la douleur d'un père ?

LE COEUR.
A mort, à mort ! Giaffir ! qu'il tombe sous nos coups !

SÉLIM, paraissant et se plaçant devant Giaffir.
Cet homme m'appartient! arrière! et sortez tous!

Les soldats s'éloignent. Sélim à Giaffir.
Le destin des combats t'a mis en ma puissance,
Giaffir, je suis vainqueur!... ton maître désormais!
Tes soldats m'ont juré respect, obéissance,
Et moi seul, aujourd'hui, commande en ce palais !...
Ta fille ?... c'est à moi d'ordonner sur son sort !

GIAFFIR, sombre.
Viens donc, heureux vainqueur, commander à la mort!
Ordonne-lui de te la rendre!

Écartant la draperie.
Tu veux ma fille? viens la prendre!

SÉLIM, avec un cri et tombant au pied du lit.
Ah!

GIAFFIR.
Viens donc, heureux vainqueur, l'arracher de mes bras
Toi, dont l'amour fatal l'a conduite au trépas !

DUO.

GIAFFIR, avec une colère sourde.

Sélim! fléau de ma famille,
Traître à ton chef, à ton devoir,
Tu voulais m'enlever ma fille...
Va-t'en! je ne veux plus te voir!
Laisse-moi seul dans le silence,
Laisse-moi seul dans la nuit de mon cœur!

Éclatant.

Va-t'en! va-t'en! car ta présence
Est une insulte à ma douleur!

SÉLIM, qui s'est relevé et de même.

Giaffir! honte de ma famille,
A ta richesse, à ton pouvoir,
Toi qui sacrifiais ta fille,
Réponds! as-tu fait ton devoir?
Sans avenir, sans espérance!
Je reste seul dans la nuit de mon cœur!

Avec force.

Va-t'en, va-t'en! car ta présence
Est une insulte à ma douleur!

Montrant le ciel.

A mon amour toujours fidèle,
Là haut, elle me tend les bras!

GIAFFIR, avec colère.

C'est moi qu'elle attend, le trépas
Ne pourra me séparer d'elle!

Avec fièvre, et montrant à Sélim un anneau qu'il porte au doigt.

Vois-tu bien cet anneau... c'est là le talisman
Qui permet d'échapper au courroux du sultan,
Qui me permet aussi de rire de ta haine!

Versant le poison dans une coupe.

Regarde!... que faut-il...? tiens! une goutte... à peine.

Il remplit la coupe de vin de Chio.

Et la mort va me réunir
A mon unique amour!... viens donc nous désunir?

SÉLIM, s'élançant vers lui.

Partageons!

Giaffir surpris, hésite... puis, vaincu par l'émotion, il tend la main à Sélim
en signe de consentement.

ENSEMBLE, avec exaltation.

Buvons! aux cieux qui l'ont ravie,
Et pour fuir la réalité.

Buvons au mépris de la vie,
Buvons à l'immortalité!

GIAFFIR.

Tout meurt autour de nous: les oiseaux, le feuillage,
Les enfants... et les fleurs!
Le jour est sans clarté, la terre est sans ombrage
Pour les grandes douleurs!

SÉLIM.

Puisque notre amour, dans la tombe,
Hélas! s'est endormi!

Montrant la coupe.

Viens, ô toi par qui tout succombe,
Salut! breuvage ami!

REPRISE DE L'ENSEMBLE.

Buvons aux cieux qui l'ont ravie,
Et pour fuir la réalité,
Buvons au mépris de la vie,
Buvons à l'immortalité!

Giaffir boit le premier, avec orgueil, puis il présente la coupe à Sélim; celui-ci va la porter à ses lèvres, quand tout à coup Medjé s'élance vers lui, renverse la coupe, et d'un geste lui montre Zuleïka qui a écarté les draperies et s'avance comme une apparition.

ZULEÏKA, *s'avançant comme en état de magnétisme et appelant d'une voix faible.*

Sélim!... Sélim!

SÉLIM.

Ah!... que vois-je!... ô prodige!
Elle!... ô bonheur!...

ZULEÏKA.

Sélim!... où suis-je?

SÉLIM, *s'approchant.*

Sur mon cœur, près de moi...

Ici l'orchestre reprend, très-doux, le motif du duo d'amour du deuxième acte.

Ah! parle encor, ma bien-aimée!

ZULEÏKA, *comme dans un rêve.*

Je t'écoute, l'âme charmée,
Ma vie à toi, mon âme à toi!

GIAFFIR, qui s'est retourné et l'apercevant.

Est-ce un rêve?... elle existe encore !
Vivante ! l'enfant que j'adore...

ENSEMBLE.

ZULEÏKA.

O doux réveil, nouvelle aurore,
Il est donc vrai? j'existe encore !
Sur terre... ô moment solennel,
Je revois la clarté du ciel !

GIAFFIR.

Est-ce un rêve ! elle existe encore,
Vivante !... l'enfant que j'adore !
C'est elle ! la bonté du ciel
La rend à mon cœur paternel !

SÉLIM.

O doux réveil, nouvelle aurore !
Ma bien-aimée existe encore.
C'est elle ! ô moment solennel,
Je bénis la bonté du ciel !

GIAFFIR, arrêtant ses yeux sur la coupe qui contenait le poison et se
rappelant tout à coup.

Mais moi... je l'ai bu le poison...

A Sélim.

Et toi, Sélim, traître, rebelle,
Tu n'as pas bu, lâche infidèle !...
C'était donc une trahison !
Je saurai me venger ! malheur, malheur à vous !

Ouvrant les portes.

A moi !... venez ! accourez tous !

Les gardes, les esclaves envahissent le théâtre. Giaffir chancelant, et pris
de remords en s'affaiblissant. A lui-même.

Non... non ! qu'allais-je faire ?...
Je dois mourir !... près d'eux,
Je ne pourrais pas vivre heureux...
Moi !... le meurtrier de son père !
O Mahomet,
Ton Dieu fait bien tout ce qu'il fait !

Rassemblant ses forces dans un effort suprême et avec autorité.

Esclaves, serviteurs, amis de ma famille,

Montrant Sélim.

Cet homme que voilà,
C'est... votre maître à tous, c'est l'époux de ma fille !
C'est... le fils d'Abdallah !

LE CHŒUR.

A Sélim honneur et puissance,
Par Mahomet, et par Allah,
Nous lui jurons obéissance.
Gloire à Sélim, fils d'Abdallah !

Pendant le chœur, Giaffir prend la main de Zuleïka et la met dans celle de Sélim, puis il promène avec fierté ses regards sur la foule qui l'entoure ; mais bientôt, vaincu par la douleur, il tombe et expire. Medjé fait un geste de triomphe en le voyant tomber, et se plaçant debout près de lui, lève l'index de la main droite au ciel. — Le rideau baisse.

FIN

Imprimerie de L. TOINON et Cie, à Saint-Germain.